MEDITAÇÃO

Guia Iniciante Para Meditação E Técnicas Para Redução Do Estresse E Ansiedade

(Poucos Passos Para O Sucesso Em Sua Vida)

Kaua Pinto

Traduzido por Daniel Heath

Kaua Pinto

Meditação: Guia Iniciante Para Meditação E Técnicas Para

Redução Do Estresse E Ansiedade (Poucos Passos Para O

Sucesso Em Sua Vida)

ISBN 978-1-989837-34-4

Termos e Condições

De modo nenhum é permitido reproduzir, duplicar ou até mesmo transmitir qualquer parte deste documento em meios eletrônicos ou impressos. A gravação desta publicação é estritamente proibida e qualquer armazenamento deste documento não é permitido, a menos que haja permissão por escrito do editor. Todos os direitos são reservados.

As informações fornecidas neste documento são declaradas verdadeiras e consistentes, na medida em que qualquer responsabilidade, em termos de desatenção ou de outra forma, por qualquer uso ou abuso de quaisquer políticas, processos ou instruções contidas, é de responsabilidade exclusiva e pessoal do leitor destinatário. Sob nenhuma circunstância qualquer, responsabilidade legal ou culpa será imposta ao editor por qualquer reparação, dano ou perda monetária devida às informações aqui contidas, direta ou indiretamente. Os respectivos autores são proprietários de todos os direitos autorais não detidos pelo editor.

Aviso Legal:

Este livro é protegido por direitos autorais. Ele é designado exclusivamente para uso pessoal. Você não pode alterar, distribuir, vender, usar, citar ou parafrasear qualquer parte ou o conteúdo deste ebook sem o consentimento do autor ou proprietário dos direitos autorais. Ações legais poderão ser tomadas caso isso seja violado.

Termos de Responsabilidade:

Observe também que as informações contidas neste documento são apenas para fins educacionais e de entretenimento. Todo esforço foi feito para fornecer informações completas precisas, atualizadas e confiáveis. Nenhuma garantia de qualquer tipo é expressa ou mesmo implícita. Os leitores reconhecem que o autor não está envolvido na prestação de aconselhamento jurídico, financeiro, médico ou profissional.

Ao ler este documento, o leitor concorda que sob nenhuma circunstância somos responsáveis por quaisquer perdas, diretas ou indiretas, que venham a ocorrer como resultado do uso de informações contidas neste documento, incluindo, mas não limitado a, erros, omissões, ou imprecisões.

Índice

Parte 1 1

Introdução 2

O Que É Meditação?... 4

APRENDA A APRECIAR O MOMENTO 6
FAZENDO ESCOLHAS 8
POR QUE MEDITAR? 9
CONSCIÊNCIA.. 10
PENSANDO SOBRE PENSAR... 11

Como A Meditação Funciona? 12

Plasticidade Do Cérebro 13

OUTROS EFEITOS FÍSICOS... 15
BENEFÍCIOS COMPROVADOS... 16

Quem Pode Se Beneficiar Da Meditação?.......................... 17

ANSIEDADE 17
ESTRESSE CRÔNICO... 17
PENSAMENTO CRIATIVO 18
LUTANDO CONTRA O VÍCIO 18
DÉFICIT DE ATENÇÃO 18
DEPRESSÃO 19
COMEÇANDO.. 20

Encontre O Tempo 20

ESCOLHENDO UM ESPAÇO 21
SE PREPARE 23

Técnicas De Meditação 24

RESPIRAÇÃO 25

Escaneando O Corpo 27

VISUALIZAÇÃO	28
Concentração De Objetos	29
O Mantra De Meditação	30
Afirmação De Meditação	31
MEDITAÇÃO CAMINHANDO	32
Minuto De Meditaçoes	34
As Três Primeiras Mordidas	35
Hora Do Café	36
Farol Vermelho	36
Aumentando Sua Prática	37
YOGA	37
T'AI CHI	38
QIGONG	39
Meditações Orientadas	40
Guias Eletronicos	40
MÚSICA	40
Grupos De Meditação	41
RETIROS	41
Conclusão	43
Parte 2	45
Introdução	46
O Que É Meditação?	47
Quais Os Benefícios Da Meditação?	54
BENEFÍCIOS MENTAIS	56
BENEFÍCIOS EMOCIONAIS	57
BENEFÍCIOS FÍSICOS	58

Tipos De Meditação.. 66

MEDITAÇÃO DE ATENÇÃO FOCADA (TAMBÉM CHAMADA DE
CONCENTRAÇÃO) 67
MEDITAÇÃO DE ATENÇÃO PLENA (TAMBÉM CHAMADA MINDFULNESS)
.... 68
MEDITAÇÃO ZEN... 69
MEDITAÇÃO TRANSCENDENTAL... 70
MEDITAÇÃOYOGA 71
MEDITAÇÃO VIPASSANA(TAMBÉM CHAMADA
MEDITAÇÃOMINDFULNESS)... 72
MEDITAÇÃOCAMINHANDO 73
MEDITAÇÃO COM MÚSICA 74

Como Meditar 75

Como Integrar Meditação No Dia A Dia 79

Como Evitar Erros Comuns 83

Conclusão 91

Parte 1

Introdução

Pensar em meditação evoca imagens de hippies ou fanáticos religiosos sentados de pernas cruzadas por horas a fio ou cantando com um som estranho? Essas pessoas até podem existir, mas a meditação não tem que ser nada disso. É para pessoas normais também! Mais e mais pessoas estão percebendo os efeitos positivos que a meditação pode ter na saúde e no humor e definitivamente ela não é mais vista como uma atividade espiritual ou da nova era. Pessoas de todo o mundo, de celebridades esportivas a CEOs em grandes empresas, estão reconhecendo os benefícios para si e, em alguns casos, para seus empregadores também. E a neurociência está apoiando muitas das afirmações feitas sobre a meditação, desde seus efeitos antienvelhecimento até sua capacidade de combater o estresse.

A meditação existe há mais de 5000 anos, por isso é bem experimentada e testada. Vinculada a muitas das principais religiões, particularmente as orientais como o budismo e o hinduísmo, tem sido fundamental para a busca das pessoas por respostas sobre o propósito da vida. Embora ligada particularmente com estas religiões, há elementos da meditação até mesmo no Cristianismo e no Islamismo. No Ocidente, a prática da meditação é muito mais recente, tornando-se popular no final do século 19, tendo sido introduzida junto com a yoga por SwamiVivekananda, um mongeindiano Hindu, que veio ao Ocidente para espalhar a palavra através do Parlamento das Religiões. A verdadeira explosão aconteceu na década de 1960, quando a meditação transcendental, ensinada por Maharishi Mahesh Yogi, foi adotada por pessoas como os Beatles, que viajaram à Índia para estudar com ele. Esse velho modo de buscar respostas para o sentido da vida e de expandir a mente pessoal, assenta bem ao lado da nova cultura do individualismo e fornece uma alternativa (ou um acréscimo) à busca por meio das drogas.

Esta ligação com as culturas hippie e de drogas não fez muito para a aceitação da meditação pela sociedade em geral, mas nos anos 1980 e 90 isso mudou, em grande parte através da influência de Jon Kabatt-Zinn, um cientista americano que fundiu sua prática de meditação budista com seu trabalho sobre estresse e ansiedade. Isso levou a meditação a ser levada a sério no mundo científico Os efeitos da meditação são agora extensivamente estudados, na medida em que a medicina convencional a incorporou em programas de tratamento para condições como ansiedade e depressão.

O que é Meditação?

O que parece ser uma pergunta bastante direta traz muitas respostas! A meditação é descrita de várias maneiras como:
- Um estado de contemplação
- Um estado da concentração
- Um foco na mente vazia

- Meios de conseguir um estado de iluminação
- Prática para alcançar a consciência
- Concentração para limpar a mente
- Uma prática espiritual para acalmar a mente

Assim, não é tão claro como você pôde ter pensado. No entanto, a maioria de nós tem algum conceito do que queremos dizer quando falamos de meditação e, temos algum resultado claro que esperamos alcançar com a prática da meditação. Nos últimos tempos, a ênfase para a meditação tem sido tanto para os benefícios físicos quanto aos mentais e espirituais. Uma das razões para confusão é o tipo diferente de meditações que existem. Algumas práticas são destinadas a concentrar, acalmar e limpar a mente através de uma concentração na respiração (estes são conhecidos como *Samatha*). Outras práticas estão preocupadas em se estar "no momento". Isto significa experimentar as circunstâncias físicas e ambientais e ao mesmo tempo manter uma consciência de nossa mente e pensamentos. Isso permite que você os entenda melhor e obtenha percepção e algum controle sobre eles (*Vipassana*). Os últimos geralmente se referem como meditações de consciência plena. Este livro contém os dois tipos de técnicas de meditação, permitindo que você escolha com a qual você se sente mais confortável. Em geral, quaisquer que sejam as técnicas escolhidas, você se beneficiará em todas as áreas se continuar praticando.

Aprenda a Apreciar o Momento

Muitas pessoas hoje (e talvez foi sempre assim) sentem que sua vida está cheia e, de alguma forma, vazia também. Está cheia de estresse e ocupações do dia-a-dia, com muito que se preocupar. No entanto, ao mesmo tempo, parece vazia da satisfação que sentimos que devemos desfrutar em nossas vidas. Ela passa, momento a momento, mas cada momento apenas acontece epassa sem ser analisado e desfrutado. E para muitos de nós, os pedaços que SÃOexaminados são os negativos, os tempos difíceis e os pensamentos infelizes. Os momentos de alegria e de satisfação potenciais passam despercebidos. Através da prática da meditação consciente, você pode aprender a viver o momento e perceber essas alegrias em sua vida. Você também pode aprender a aceitar os outros momentos e simplesmente deixá-los passar, ao invés de se concentrar neles e permitir que prejudiquem os momentos futuros.

Não direi que algumas semanas de meditação trarão iluminação instantânea. Pessoas praticaram a meditação por toda a vida (várias vidas, se você acredita em reencarnação) e não alcançaram esse estado. Mas a meditação praticada regularmente, ajudará você a melhorar seu modo de pensar e se sentir. Um de seus aspectos mais importantes é torná-lo consciente de si mesmo - muitos de nós sabem muito pouco sobre quem somos ou como pensamos. Não é novidade que você gostaria de se conhecer melhor. Conhecendo a si mesmo, você pode aprender a mudar a si mesmo e estou assumindo que, se estiver lendo isso, não ficará totalmente satisfeito com quem você ée desejará alterar pelo menos um aspecto seu.

Fazendo escolhas

É verdade que você não pode impedir que as coisas aconteçam com você, sejam elas boas ou ruins. As circunstâncias apenas são o que são. O que você pode fazer é escolher como você reage a estas coisas. Mas para fazer isso, você necessita ter algum controle sobre suas ações. Naturalmente, as ações são determinadas por pensamentos, portanto você necessita ter algum controle sobre seus pensamentos e esse é o lugar onde a meditação consciente entra. Uma "meditação" que nós todos sabemos é contar até 10 quando estamos irritados ou aborrecidos. Eu chamo de meditação, porque o que ela faz é desviar nossa atenção da raiva para a contagem e nesse momento nos dá um espaço para ajustar nosso pensamento e nossa reação a esses pensamentos. Em outras palavras, nos damos espaço e tempo para fazer uma escolha sobre como reagiremos.

Por que Meditar?

As pessoas vêm para a meditação por razões individuais. Um homem de negócios pode querer reduzir seus níveis de estresse para que possa atuar melhor. Uma mulher com uma doença grave pode querer os benefícios físicos da meditação. Um aluno pode decidir que ela é o caminho para uma melhor concentração e um aprendizado mais efetivo e um jovem pode pensar que é uma maneira de conhecer e entender melhor a si mesmo. Cada um deles está certo. Seu motivo pode ser qualquer um dos acima, ou algo completamente diferente. Todos esses ganhos podem ser obtidos através do aprendizado para desenvolver uma prática regular de meditação. Cada uma das pessoas mencionadas também pode se surpreender com os bônus que eles recebem, além da coisa que esperam. Aqueles que se preocupam com os aspectos físicos da meditação, descobrirão que seu pensamento é mais limpo e que são mais capazes de se concentrar nas coisas positivas da vida e manter um senso de perspectiva. Aqueles que vêm para a meditação como uma maneira de descobrir mais sobre si mesmos e se desafiarem,também encontrarão os benefícios de um corpo saudável. No final, você pode resumir a simples premissa de que meditar torna as pessoas felizes!

Consciência

Ser consciente significa estar no momento e aceitá-lo sem julgamento. Tornando-se consciente de seus pensamentos, você se torna capaz de mudar seus processos de pensamento e se livrar de velhos modos de pensar que se incorporaram em quem você é. Com a meditação consciente, você permite que seus pensamentos passem pela sua mente enquanto você medita, sem fazer julgamentos se são bons ou ruins. Ao fazer isso, você perceberá padrões na maneira como pensa sobre determinadas coisas, padrões que você pode então mudar. Como eu disse acima, a maneira como você pensa controla a realidade de sua vida: cada comportamento começa com um pensamento e, sendo capaz de mudar e controlar esses pensamentos, você é capaz de mudar sua realidade. Você provavelmente pode pensar em casos em sua vida em que, mudando a maneira como pensava sobre algo, você poderia ter mudado um resultado. Através da meditação consciente você aprenderá como fazer isso. Os efeitos da meditação não acontecem quando você está meditando; eles estão lá para serem chamados sempre que você precisar deles - seja uma busca por esclarecimento ou apenas pela capacidade de "parar de sofrer com as pequenas coisas".

Pensando sobre Pensar

Como humanos, nós não apenas pensamos, mas pensamos sobre como pensamos (no mundo científico chamam isso de metacognição). Ao praticar a conscientização, você se torna consciente não só dos pensamentos que tem, mas também dos seus pensamentos sobre esses pensamentos! Isso é complicado, então um pequeno exemplo pode ajudar:

Você está dirigindo pela estrada quando um carro ultrapassa você em alta velocidade. Seu primeiro pensamento ("há um carro passando por mim") pode ser seguido por um outro pensamento sobre isso: "Idiota em um carro chamativo, apenas se exibindo; ele poderia ter causado um acidente ". Mas com o não julgamento que você praticará na meditação, você poderá olhar com mais objetividade. Talvez ele tenha recebido uma ligação do hospital dizendo que alguém próximo a ele está ferido? Ou, talvez você esteja dirigindo mais devagar do que a estrada precisa?

Seja qual for o seu primeiro pensamento, no espaço entre observar e julgar você se afastou do seu padrão de ficar irritado ou estressado por ele, o que tornará seu dia muito melhor!

Como a Meditação Funciona?

A meditação é um meio de tornar o seu corpo e pensamentos sob o seu controle, ao invés de apenas deixá-los "agirem por si próprios" ... Embora a meditação produza um estado de relaxamento, esse é um estado de alerta e não passivo, do jeito que, poderíamos dizer, cochilar. O estado relaxado que você pode alcançar permite que você esteja ciente de seus pensamentos e sentimentos e isso, por sua vez, permite que você mude a maneira como pensa sobre as coisas para melhor. Por trás de tudo isso, há mudanças físicas distintas que a meditação traz e permite que aconteça.

Plasticidade do Cérebro

Até há relativamente pouco tempo, o cérebro era visto como bastante estático. Uma vez "conectado" pelo tempo e pela experiência inicial, assim permaneceria, de acordo com os velhos modos de pensar. Mas pesquisas mais recentes em neurociência mostraram que isso definitivamente não é verdade - o cérebro é "plástico". Isto significa que pode mudar nos termos da estrutura física e nas conexões entre as áreas no cérebro. A prática repetida de algo causa estas mudanças, seja uma atividade física ou mental. É por isso que usamos a frase "Se você não usa, você perde" em relação a envelhecer - não apenas o uso de partes do cérebro faz com que elas se desenvolvam, mas NÃO as usar significa que as conexões serão quebradas e algumas estruturas irãoaté mesmo encolher ou degenerar.

A meditação é um campo que tem sido estudado em relação a essa plasticidade cerebral. Estudar o cérebro de pessoas que meditaram por vários anos mostrou que seus cérebros na verdade envelhecem mais lentamente do que outras pessoas,possuem mais conexões entre certas áreas e mais áreas que continuam ativas. Uma área do cérebro que influencia a memória e a aprendizagem, o hipocampo, aumenta após apenas algumas semanas de meditação, o que demonstrou levar a uma melhor memória e concentração. Outra área do cérebro que é fisicamente afetada pela meditação é a região que se preocupa com a compaixão e o pensamento sobre os outros. Pesquisas recentes mostraram que, com apenas algumas semanas de treinamento de meditação, essa área muda e a pessoa realmente se torna mais compassiva e altruísta.

Outros Efeitos Físicos

Assim como essa plasticidade cerebral, a meditação também tem outros efeitos físicos no corpo. Ao induzir um estado de relaxamento, a meditação leva você a um estado em que a respiração é lenta e relaxada, o que também relaxa o resto do sistema do corpo. Os hormônios do estresse, o cortisol e a adrenalina, são reduzidos, diminuindo a freqüência cardíaca e a pressão sanguínea e permitindo que nossa química sanguínea se estabeleça em um estado saudável e sem estresse. Juntamente com isso, estudos mostram que a parte do cérebro associada ao estresse e a "resposta de fuga ou luta", a glândula, na verdade, reduz de tamanho em pessoas que meditam regularmente (outro exemplo de plasticidade cerebral).

Benefícios Comprovados

Embora as pessoas acreditem nos benefícios da meditação por séculos, a pesquisa moderna continua a revelar ainda mais benefícios. Originalmente ligados à espiritualidade e à religião, os benefícios físicos e emocionais estão se tornando cada vez mais áreas de foco e pesquisa, como você pode ver acima.
Os efeitos físicos comprovados incluem:
- Redução da pressão arterial
- Diminuição dos hormônios do estresse, como o cortisol
- Atraso no envelhecimento do cérebro
- Aumento no tamanho das áreas criativas do cérebro

Junto com estes efeitos físicos vêm outros:
- Diminuição de pensamentos negativos
- Foco e concentração melhorados
- Sensação de bem estar
- Aumento da compaixão pelos outros

Quem Pode se Beneficiar da Meditação?

A resposta curta para isso é "quase qualquer pessoa". Mas aprofundando um pouco mais, há certas condições e grupos que a meditação pode ajudar particularmente:

Ansiedade

A meditação consciente permite que você veja seus antigos padrões de pensamento de uma nova maneira, de modo que as coisas que anteriormente o deixavam ansioso não mais o afetem. Você aprende controlar seus pensamentos e aceitar as coisas como são, sem fazer julgamentos negativos sobre elas. As mudanças físicas permitem também que você responda menos intensamente às situações que provocam ansiedade.

Estresse Crônico

Se você se sentir sob estresse e pressão por muito tempo, seja em seu trabalho ou na vida, a meditação pode ajudá-lo a liberar parte desse estresse e a se sentir mais calmo. Isso acontece em razão das mudanças físicas que ela causa no corpo e também por ajudá-lo a mudar a maneira como pensa sobre sua vida.

Pensamento Criativo

Se o seu trabalho ou a sua vida depende de você ser criativo com suas idéias, a meditação mostrou ajudar o processo de pensamento criativo. Ela ajuda você a se concentrar por mais tempo e parece estimular as partes do cérebro que estão afetadaspelo pensamento divergente.

Lutando Contra o Vício

Fumo, álcool, comida, vício em drogas - todos podem ser ajudados pela meditação. Se você tiver um desses vícios, as "Meditações por Minuto" dadas posteriormente podem, às vezes, ser o suficiente para levá-lo a superar uma ânsia ou desejo.

Déficit de Atenção

Independentemente de você ter sido diagnosticado com DDA ou TDAH ou saber que sua atenção pode ser um pouco instável, a meditação é uma ferramenta útil para aumentar os níveis de concentração e o tempo de uma tarefa.

Depressão

A Meditação causa mudanças no corpo e no cérebro que podem ajudar a lutar contra a depressão e melhorar o humor. Ela demonstrou ser tão eficaz quanto a medicação para o tratamento da depressão leve a moderada e sem nenhum dos efeitos colaterais que acompanham o uso regular de medicamentos.

Embora pareça que todos podem se beneficiar da meditação, há algumas pessoas que podem achar que ela lhes dá tempo e espaço para despertar memórias traumáticas ou pensamentos que são desconfortáveis ou fazê-los sentirem-se "piores" ao invés de melhores. Isso não significa que a meditação não seja apropriada para eles, mas eu sugiro que seria benéficoao mesmo tempo buscar ajuda de terapeutas profissionais. Outro grupo que deve usar a meditação com cautela é aquele que já teve episódios psicóticos em algum momento.

Começando

Um dos benefícios da meditação é que você não precisa de nada para começar - se você quiser começar agora, pode (melhor ler e obter algumas técnicas antes)!

Encontre o Tempo

Uma das primeiras perguntas que muitas pessoas fazem é: por quanto tempo devo meditar? Para começar, 5 minutos serão suficientes, especialmente se você não estiver acostumado a ficar sentado em silêncio. A frequência é muito mais importante do que o tempo, tanto para os benefícios que você vai ganhar quanto para desenvolvê-lo para um hábito. Então, 5 minutos por dia, todos os dias, é muito melhor do que meia hora, algumas vezes por semana. A hora do dia depende da sua agenda. Algumas pessoas preferem que seja a primeira atividade da manhã, para começar bem o dia. Outros preferem à noite, para se acalmar e reduzir o estresse. É melhor não praticar imediatamente depois de comer porque:

- É bem provável que você adormeça com o estômago cheio
- Os ruídos e sensações digestivas podem dificultar a concentração
- Sentar-se quieto e ereto com o estômago cheio não é muito confortável.

Mas a qualquer momento, onde tenha um espaço ou puder criar um, faça-o. Você não precisa aumentar seu tempo além dos primeiros cinco minutos depois de praticar por um tempo, mas à medida que progride e sente os efeitos, poderá decidir o que acha melhor.

Escolhendo um Espaço

Particularmente, quando você começa, você prefere um lugar com o mínimo de distrações possível e provavelmente algum lugar onde você não se preocupe em ser interrompido (ou pego, se você sentir que precisa se esgueirar). Não torne isso difícil para você - siga o que você tem no momento em que escolhe meditar. Algumas pessoas preferem estar do lado de fora, "em contato com a natureza", o que parece uma boa ideia. O problema é que, se você mora em algum lugar com um clima interessante, é possível que tenha que mudar seus planos!

Para alguns, é importante ter uma área exclusiva para sua meditação. Eles podem queimar incenso, manter flores frescas, ou até mesmo ter estátuas ou objetos religiosos. Tudo isso é bom se você tiver espaço, mas nada disso é essencial.

Obviamente, você precisará de um lugar confortável para sentar. Embora seja tentador sentar-se no chão de pernas cruzadas e fazê-lo "adequadamente", a menos que você esteja bastante flexível, logo se concentrará mais nas articulações do quadril dolorido ou na parte traseira dormente, por isso uma cadeira confortável é uma boa ideia, uma que ofereça apoio e que você possa sentar-se razoavelmente bem. Bancos especiais de meditação estão disponíveis e são muito bons, mas não são fundamentais.

Eu, particularmente, prefiro que meu ambiente não seja muito desorganizado ou desarrumado, pois atrapalharia minha concentração e me faria lembrar do trabalho que preciso fazer! Mas como eu disse, aproveite o que você tem - melhor meditar em algum lugar menos ideal a ter que adiar até encontrar o lugar perfeito. Eventualmente, quando você pegar o jeito, você achará mais fácil focar em sua concentração mesmo quando houver ruídos ou distrações externas.

Se Prepare

O mais importante é estar confortável, assim não se distrai se mexendo nem sentindo dores. Se puder, use roupas soltas ou, pelo menos, remova sapatos, cintos e gravatas que façam você se sentir apertado. Há uma tradição de lavar e limpar o corpo antes de começar e, embora isso não seja necessário, proporciona uma boa preparação e separa o tempo de meditação do resto do dia. Até mesmo enxaguar as mãos ou molhar o rosto com água fria fará com que você se sinta pronto para a prática.

Ao sentar-se, sua coluna deve estar ereta, com o peso inclinado para a frente sobre os "ossos da posição sentada". Você pode achar útil inclinar ligeiramente a cadeira para a frente, colocando blocos sob as pernas traseiras. Se você quiser se sentar no chão, mas não consegue obter uma postura confortável de pernas cruzadas, apenas coloque as pernas à sua frente com uma almofada ou algo semelhante sob os joelhos, para evitar tensão nas pernas. Encostar-se em algo também ajudará, mas lembre-se da espinha reta. Coloque suas mãos em seu colo, mas não as feche. Você está sentado confortavelmente? Então vamos começar!

Técnicas de Meditação

Respiração

Uma meditação respiratória (*samatha*) é uma das melhores para um principiante. É tão simples quanto parece - você se concentra na respiração - mas isso não significa que seja fácil de fazer. A questão é que não se trata de perfeição, trata-se de melhorar como você faz isso, de modo que sua mente aprenda a se concentrar apenas nessa tarefa, sem se preocupar.

Em seu espaço escolhido, sente-se confortavelmente, como descrevi anteriormente. Expire, liberando a tensão em seus ombros quando o faz. Não force a respiração ou tente manter os pulmões vazios. Agora, tudo o que você tem a fazer é respirar normalmente. Concentre-se em sua respiração entrando e saindo de seu corpo, sinta as sensações que surgem a cada respiração. Não tente controlar sua respiração ou forçá-la - enquanto você relaxa, ela vai diminuir gradualmente de qualquer forma, você não precisa pensar em fazer isso. Sua mente irá vagar, apenas leve-a de volta às sensações de sua respiração. Este é o começo da meditação. Você não vai lutar contra seus pensamentos, apenas ignore-os e deixe-os desaparecer enquanto você se concentra nessas respirações novamente. Quando você chegar ao fim do seu tempo, expire profundamente e lentamente abra os olhos Não tenha pressa para se levantar, você pode se sentir um pouco distante e, mesmo que não queira, você deve manter esse sentimento de calma o maior tempo possível!

Isso tudo parece muito fácil? Quando você tentar, descobrirá que não é. Assim que você dá a primeira respiração, coisas sobre as quais nem estava pensando vão surgir em sua cabeça - lavanderia que precisa ser feita; o que seu chefe disse; a coceira na sola do seu pé esquerdo. Deixe todos irem e volte a pensar em sua respiração.

Com essas práticas simples, você obterá todos os benefícios físicos de que falamos no primeiro capítulo e, gradualmente, também aprenderá a obter os benefícios mentais. Não tenha pressa para "progredir" para um tipo diferente de meditação, desenvolva sua prática com essas técnicas mais básicas primeiro. Afinal, respirar é a coisa mais importante que você pode fazer por si mesmo!

Escaneando o Corpo

Embora isto soe como um procedimento médico, não é. Para fazer uma meditação de *scan* do corpo, deite-se em algum lugar confortável no chão, em cima de um cobertor grosso. Deite-se com as pernas ligeiramente separadas e os braços frouxamente ao lado do corpo. Feche seus olhos e relaxe seu respirar. Você vai começar pelos dedos dos pés e subir através de seu corpo até o topo da sua cabeça. Primeiro, concentre-se em seus pés e em como eles se sentem. Tensione-os e concentre-se em relaxá-los o máximo que puder, sentindo-os suavizar e "ficarem mais pesados". Em seguida, trabalhe nas panturrilhas, novamente tensionando e depois relaxando, sentindo as sensações mudarem nelas. Trabalhe lentamente em todas as áreas do corpo, trabalhando nos dois lados do corpo ao mesmo tempo (para que ambos os joelhos fiquem tensos e relaxados juntos, etc.). Em cada etapa, certifique-se de não tensionar uma área que você já relaxou. Durante todo o exercício, respire uniformemente. Algumas pessoas gostam de imaginar a tensão como uma luz colorida. Ao liberar a tensão, visualize uma luz colorida saindo pela sua pele naquela área e levando a tensão com ela. Depois de "escanear" todo o corpo, aproveite a sensação de como ele fica relaxado no chão e respire suavemente por um tempo. Levante-se suavemente também - a mudança de postura adicionada ao seu estado relaxado pode causar um pouco de tontura!

Visualização

Isso pode ser feito em pé ou deitado. Feche os olhos e imagine um lugar realmente agradável e seguro para você. É uma coisa pessoal - para alguns pode ser uma praia quente, para outros o topo de uma montanha. Será importante incluir o maior número possível de sentidos em sua visualização, de modo que em algum lugar ao ar livre é melhor; com cheiros, sons e sensações em sua pele.

A questão é, deve ser em algum lugar onde você se sinta à vontade, feliz e relaxado, porque você vai passar um tempinho lá. Concentre-se inteiramente em estar lá, imaginando cada um dos sentidos que estão sendo estimulados. Sinta o calor do sol em sua pele e ouça as ondas contra a rochas (supondo que seja uma praia em que você está, obviamente). Mergulhe na sensação de estar lá e permita que qualquer pensamento que o distraia desapareça, substituindo-o por parte do seu mundo imaginado. Durante o processo, mantenha-se relaxado e respire normalmente, não se esforce para evocar as imagens.

Concentração de Objetos

Este é o favorito para muitas pessoas. O objeto escolhido para se concentrar é muitas vezes uma chama de vela, mas algumas pessoas preferem um objeto da natureza, como uma flor ou pedra, ou uma imagem que significa algo para elas.

Acredito que uma chama de vela é mais eficaz, pois há um pouco de movimento nela enquanto ela cintila, então a atenção é mais facilmente atraída se ela se mover. Sente-se na sua posição preferida com o objeto ao nível dos olhos à sua frente, para evitar esticar o pescoço. Certifique-se de que o objeto esteja em um espaço livre, sem obstruções em torno dele que possam chamar sua atenção. Atente e concentre-se no objeto, permitindo que todos os pensamentos sobre outras coisas fluam através da mente, sem que se foque neles. Pisque naturalmente, não force os olhos e permita que a respiração flua naturalmente também.

O Mantra de Meditação

Um mantra é uma palavra ou frase que é repetida várias vezes. O mantra mais conhecido para meditação é *"Om"*, um som sagrado e místico associado a algumas das religiões orientais, como o budismo ou o hinduísmo. Mas o seu mantra pode ser o que você quiser. Eu sugiro algo curto e positivo - como "paz" ou "amor". Cantar o mantra funciona permitindo que você controle sua respiração e concentre seus pensamentos e algumas pessoas também acreditam que a vibração que acontece no tórax e nas cordas vocais durante o canto tem benefícios adicionais. Para praticar esse tipo de meditação, fique numa posição confortável com os olhos fechados. Comece a "cantar" seu mantra de uma maneira relaxada e controlada. Concentre-se no mantra e permita que outros pensamentos desapareçam. À medida em que você se torna mais relaxado, poderá perceber que parou cantar em voz alta, mas tudo bem, isso significa que você está em um estado relaxado - supondo que sua concentração não foi ignorada (você saberá qual delas se aplica) .

Afirmação de Meditação

Isso é semelhante a um mantra de meditação, em que você repete uma frase como parte de sua meditação. No entanto, você escolhe uma afirmação que seja relevante para você. A mente não pode manter dois pensamentos ao mesmo tempo, então, ao se concentrar em sua afirmação, você estará afastando os pensamentos confusos que vivem na sua cabeça. Uma boa maneira de começar é escolher uma afirmação relacionada à sua meditação. Alguns bons são

- Eu exalo o stress, eu inspiro a calma
- Minha mente está livre
- Eu me sinto em paz
- Meus pensamentos estão quietos
- Minha meditação é suficiente

Alternativamente, você pode afirmar o que você deseja do dia. Não seja muito específico, é um clima geral para o dia que você está definindo, em vez de instruções específicas:

- Hoje eu escolho a calma
- Eu me sinto completo e saudável
- Minha vida está alegre hoje
- Eu sinto compaixão pelos outros
- Esta paz permanecerá comigo

Meditação Caminhando

Uma meditação caminhando é aquela que você pode praticar com bastante facilidade; tudo que você precisa é de um lugar para andar! Para muitas pessoas, estar cercado pela natureza traz uma sensação tranquilizante, assim isso é ideal para elas. Embora você obviamente tenha que se concentrar em seu ambiente enquanto anda (você não quer tropeçar em nada ou ninguém!), você ainda vai se concentrar em si mesmo e no processo de caminhar.

Comece ficando parado e sinta o contato que seus pés têm com o chão, as partes de seus pés que estão em contato com seus calçados e uns com os outros. Acalme seu respirar e então comece a caminhar. Ande normalmente, em um ritmo bastante suave. A cada passo, esteja ciente de como seus pés se sentem e como os músculos de suas pernas estão funcionando. Sinta as sensações mais acima em seu corpo também, na maneira como seus quadris se movem e seus braços balançam. À medida em que se concentra em tudo isso, observe os pensamentos que vêm à sua mente, mas não os julgue ou preste atenção neles, apenas permita que eles passem por sua mente e mantenha sua atenção em sua caminhada. Esteja ciente de sua postura e das áreas onde há tensões em seu corpo e permita que elas relaxem. Mantenha seu olhar focado suavemente na sua frente; esta é uma meditação em sua caminhada, não ao seu redor. Caminhe por 15 a 20 minutos e, em seguida, pare suavemente. Mais uma vez, concentre-se na sensação do chão sob seus pés e nos músculos ao redor de seu corpo, enquanto você fica em uma posição equilibrada, depois solte o ar e entre em plena consciência do que o rodeia.

Minuto de Meditaçoes

Embora você esteja construindo uma prática regular de meditação, você não precisa manter suas meditações em seu "horário oficial". Mesmo os mais ocupados de nós têm momentos no dia em que podemos usar para nos acalmar, decifrar nossas mentes e estar atentos. Eles também podem ser usados como um botão "redefinir" em um dia que não está indo bem. As meditações a seguir podem ser feitas regularmente e serão mencionadas apenas para adicionar à sua prática.

As Três Primeiras Mordidas

Todos temos que comer, mesmo o mais ocupado de nós! Comer conscientemente é uma maneira de usar sua refeição como uma meditação. Também é ótimo se você está tentando melhorar sua alimentação ou comer menos, pois ter consciência do que você coloca na boca faz com que você faça escolhas melhores. Mas muitas vezes parece impossível comer uma refeição inteira conscientemente, não há tempo. Então este é um bom compromisso. Concentrando-se apenas nas primeiras três mordidas de uma refeição, você permite um pouco de espaço em sua mente. Saboreie cada bocado, os sabores e texturas. Esteja ciente do que seu corpo está fazendo com cada bocado. Algumas pessoas preferem agradecer pela comida e agradecer mentalmente àqueles que a prepararam. Este pequeno ponto em cada refeição lhe dará a chance de acalmar e focar sua mente.

Hora do Café

Assim como na refeição, você terá tempo para realmente se concentrar nos sabores e sensações de sua bebida quente. Se possível, encontre um lugar tranquilo para sentar e tomar seu café. Envolva o copo com as mãos e sinta o calor, imagine o calor se espalhando por todo o seu corpo. Beba a bebida e sinta o calor espalhando-se pelas suas entranhas também. Concentre-se no cheiro e no sabor enquanto bebe, estimulando o maior número de sentidos possível.

Farol Vermelho

Ao invés de ver um farol vermelho no seu caminho como um incômodo atrasando você, seja grato pelo intervalo e pela chance de fazer um pouco de "trabalho" consigo mesmo. Tire as mãos do volante e descanse-as no seu colo. Observe sua respiração e pontos de tensão e alivie suavemente essa tensão.. Observe também a tensão em seus pensamentos, e suavize. Se você está trabalhando com uma afirmação, aproveite para repeti-la e lembrar-se dela. Então, deixe escapar um suspiro, agite suas mãos e segure o volante novamente. Você está de volta ao controle!

Aumentando Sua Prática

Depois de estabelecer uma rotina com sua meditação, convém expandi-la com outras práticas. Se você quiser avançar para aspectos mais espirituais, há muitos links com religiões, particularmente o budismo, que podem ser interessantes. Existem também várias outras práticas físicas que incorporam a meditação como parte delas e vou descrever algumas delas aqui.

Yoga

Você poderá se lembrar do início do livro, que a meditação foi introduzida no ocidente junto com oyoga de SwamiVivekananda. A Yoga é tanto uma disciplina física quanto mental, com meditação e respiração através de sua prática. A meditação é praticada como algo separado durante o yoga, em posição sentada tradicional, mas também outras posições ativas podem ser usadas como meio de meditação. Como uma meditação andando, o movimento do corpo em posições pode ser uma área de foco e concentração completa e pode acalmar e relaxar a mente.

T'ai Chi

T'ai Chi, ou para dar o nome completo, Tai Chi Chuan (que significa "punho final supremo"), é um exercício de meditação em movimento lento que tem suas raízes nas artes marciais chinesas e no taoísmo. Praticado lentamente e com controle, os exercícios e posições acalmam e focam a mente, fortalecendo os músculos e desenvolvendo o equilíbrio. Embora seja tecnicamente uma arte marcial, o método habitual de prática não é considerado, embora possa ser feito a uma taxa muito mais rápida.

Qigong

Intimamente relacionado com o T'ai Chi está o Qigong, ou Chi gong, dependendo de quem está escrevendo. Isso pode ser traduzido como algo como "domínio da energia vital". Algumas pessoas consideram T'ai Chi simplesmente como uma forma diferente de Qigong. O Qigong também apresenta movimentos lentos e precisos, mas a concentração é muitas vezes mais na respiração e na repetição de movimentos simples. É visto como uma prática de saúde e não como uma arte marcial. O qigong é realmente incorporado ao plano nacional de saúde na China e é praticado em hospitais e escolas. Por essa razão, é provavelmente a forma mais praticada de exercício e meditação em todo o mundo hoje.

Meditações Orientadas

Como você pode perceber, a meditação não é difícil e desenvolver uma prática é simplesmente manter-se trabalhando nela diariamente e a incluindo no tempo. Você não precisa de nada alémde um espaço para sentar-se durante a maioria das meditações, não é necessário gastar dinheiro! Algumas pessoas preferem não trabalhar sozinhos dessa maneira e, para elas, existem várias maneiras de praticar.

Guias Eletronicos

Existem CDs e vídeos disponíveis que irão guiá-lo através de uma meditação. Estes envolvem alguém falando com você, muitas vezes através de uma visualização. Outros concentram-se em um aspecto particular, por exemplo, redução do estresse ou ajudar você a dormir. Eles podem ser uma combinação de apenas voz ou voz e música.

Música

Algumas pessoas gostam de música para acompanhar suas meditações, seja para "abafar" o ruído externo e a distração, seja para se concentrar. Algumas músicas são produzidas especificamente para alterar as ondas cerebrais para uma frequência mais baixa e para relaxar mais rapidamente

Grupos de Meditação

A maioria das áreas tem um grupo de meditação, onde as pessoas se reúnem para meditar juntas Algumas delas são seculares, embora outras possam estar ligadas a uma prática religiosa ou espiritual específica. Meditar em grupos funciona bem para algumas pessoas, embora outros achem que há muitas distrações ou se sentem muito autoconscientes.

Retiros

Se você quiser se entregar um pouco mais, um retiro pode ser o certo para você. Estes são muitas vezes bastante intensivos, e podem oferecer uma combinação de sessões de meditação e palestras de forma estruturada, ou você pode simplesmente viver como parte da comunidade e participar de suas sessões diárias de meditação.

Conclusão

Espero que agora você tenha encontrado sua razão para meditar e um modo (ou caminhos) que funcione para você.

Seja como for, a meditação é uma maneira eficaz de lidar com as tensões e pressões da vida cotidiana. Ela oferece benefícios físicos, como pressão arterial mais baixa e benefícios mentais, como um pensamento mais claro e uma memória melhorada.

Acima de tudo, a meditação é uma maneira de entender como você pensa e reage e de mudar essas reações para outras mais positivas. Ao fazer isso, você poderá ter mais controle sobre suas ações e seus pensamentos. Isso deve ajudá-lo a melhorar como você se sente e como você interage com os outros em seu mundo. Isso só pode ser uma coisa boa, espero!

A meditação é um caminho e não um objetivo. Você provavelmente não vai acordar uma manhã e perceber que você se tornou esclarecido sobre tudo no mundo. Mas, ao desenvolver uma prática regular, você estará mais adiantado nessa estrada do que a maioria das pessoas.

Parte 2

Introdução

Gostaria de lhe agradecer e parabenizar por começar sua jornada de meditação comigo.

A meditação está se tornando mais e mais popular nos últimos anos e você provavelmente está se perguntando qual é a grande graça disso e se seria bom para você.

Neste livro vou explicar em português claro o que é a meditação, como isso pode te beneficiar, como começar e como sustentar o hábito. Você não precisa de experiência previa em meditação já que este livro é indicado para iniciantes.

Qualquer um pode meditar e isso é uma atividade completamente livre. Não é necessário qualquer equipamento ou vestimenta especiais. Não é necessário que se vá a algum local específico. Não é necessário que haja um instrutor. Desse modo é diferente de muitas coisas que as pessoas aprendem, como treinos de força, e essa mudança de mentalidade é um dos muitos benefícios.

Além disso, não há riscos de efeitos colaterais negativos. Quantas coisas na vida podem afirmar isso? E não é necessário requisites ou tempo de preparação, simplesmente sente-se e comece. Em 20 minutos você já terminou e de volta ao que estava fazendo antes. Não hpa o que perder e há muito ganho, então o que está esperando?

Espero que este livro te inspire a tomar as rédeas de você e da sua vida, e seja a pessoa que sempre quis ser!

O que é Meditação?

Meditação é uma prática de treino da mente. Alterando o estado de consciência e mudando sua relação com seus pensamentos e emoções, você consegue ganhar benefícios que durarão através de todo o dia e pelo resto de sua vida.

Meditação geralmente consiste em sentar-se por um período e manter a mente focada. É usada para aumentar as emoções positivas como felicidade, amor, relaxamento, compaixão e empatia e reduzir problemas mentais comuns como estresse, ansiedade e depressão.

As primeiras referências a meditação estão nos textos sagrados hindus chamados os Vedas, que foram escritos na Índia e no Nepal começando cerca de 1700 a.C. Cerca de 500 a.C. um Buda chamado Gautama começou a ensinar meditação principalmente na Índia.

A partir daí, o budismo começou a se espalhar a outros países asiáticos, e com isso a meditação. Na China, os Taoistasdesenvolveram práticas de meditação, assim como os budistas Zen. Daí a tradição continuou a se expandir e no decorrer dos anos diferentes culturas e países desenvolveram diferentes estilos de meditação.

Em meados do século XX, a meditação começou a se tornar popular no Ocidente. Os cientistas desde então começaram a estudar seus mecanismos e efeitos psicológicos. As práticas tornaram-se mais seculares no Ocidente do que espirituais.

Os psicólogos ainda não entendem exatamente como a meditação funciona. Isto é provavelmente porque opera nos níveis mais altos da mente, que são os mais difíceis para os cientistas entenderem. No entanto, usando as mais recentes técnicas de imagem cerebral, eles são capazes de observar a atividade cerebral em tempo real enquanto alguém medita. Estudos notaram que certas áreas do cérebro relacionadas à redução da dor são ativadas durante a meditação. Além disso, diferenças físicas, como um aumento no nível de massa cinzenta em certas áreas do cérebro e um aumento no tamanho de outras áreas, foram notadas após períodos de treinamento de meditação. Melhorias na atenção e capacidade de regular as emoções também foram encontradas.

Se ainda não está claro para você o que é meditação, considere a analogia de um computador. Tanto o computador quanto o cérebro são coisas que captam informações, processam e fazem algo em resposta.

Na camada inferior, os computadores têm programas em segundo plano que fazem tarefas chatas, mas necessárias, para você. Por exemplo, ajustar os ventiladores para evitar que sua temperatura fique muito alta, convertendo cada letra que você digita em zeros ou uns ou catalogando todos os arquivos em seu disco rígido. Você gostaria de fazer isso manualmente? Da mesma forma, seu cérebro tem processos subconscientes ou emocionais para converter marcas em um pedaço de papel em letras, catalogar memórias e motivá-lo a encontrar maneiras de refrescar-se e ficar excitado.

No próximo nível, os computadores têm aplicativos, por exemplo, aplicativos para organizar sua agenda, exibir vídeos e ler livros. O equivalente no cérebro é um pensamento, como pensar sobre as coisas que você tem que fazer hoje, quando você deve se aposentar ou qual smartphone você deve comprar.

No próximo nível, os computadores têm um sistema operacional para organizar todos os seus aplicativos, como para qual aplicativodar a prioridade mais alta, qual colocar em segundo plano para lidar mais tarde, e qual desligar inteiramente. O sistema operacional também pode controlar parcialmente os programas em segundo plano, por exemplo, colocando o computador no modo de baixo consumo para economizar energia da bateria, pausando a catalogação de arquivos ou colocando dispositivos em suspensão que não são necessários no momento, como a tela. Sem um sistema operacional bom e bem ajustado, seu computador fica lento, não consegue completar certas tarefas, desperdiça energia, causa dores de cabeça depois de dor de cabeça e até falha ocasionalmente. Lembre-se do Windows 95 ou daquele telefone Samsung depois da atualização do Android mal testada? Por exemplo, ele pode gastar a maior parte de seu poder de processamento sem precisar fazer varredura em sua coleção de vídeos em busca de vírus repetidas vezes. Isso pode diminuir o tempo de carregamento do site, reduzindo sua produtividade.

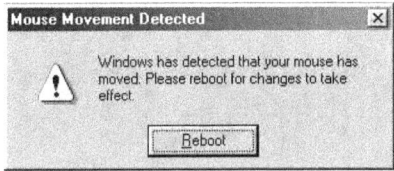

Qual é o equivalente no cérebro? O que organiza todos esses pensamentos e sentimentos em sua cabeça? Alguns podem chamar isso de seu espírito. E dizer que meditação é uma prática para melhorar seu espírito. Permite-lhe melhorar a forma como organiza os seus pensamentos e sentimentos, permitindo-lhe estar mais feliz e com maior produtividade. Ele permite que você descubra a quais pensamentos e sentimentos você deve dar prioridade, a quais você dá muita prioridade e a bloquear pensamentos e sentimentos inúteis. Por exemplo, é útil continuar pensando no erro cometido ontem ou naquela coisa que você tem que fazer na semana que vem? Não seria mais útil se concentrar na tarefa em questão ou simplesmente relaxar e aproveitar o que você tem?

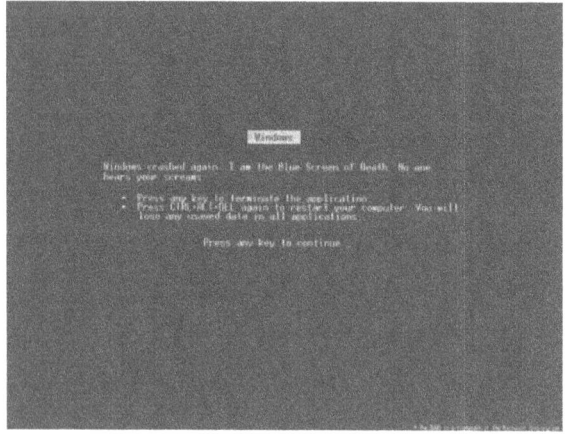

E não é apenas uma questão de saber o que fazer, a meditação ensina como realmente fazer isso. Por exemplo, se você sabe que deve parar de pensar em algo, focar na respiração com os olhos fechados por 20 minutos é uma boa maneira de fazê-lo.

Quais os Benefícios da Meditação?

Meditação pode te beneficiar mentalmente, emocionalmente e fisicamente. Milhares de estudos científicos foram realizados que provam seus benefícios.

Benefícios Mentais

- Aumenta a capacidade de foco
- Aumenta a janela de concentração
- Melhora a memória
- Melhora a habilidade de regular as emoções
- Diminui o estresse e cansaço mental

Benefícios Emocionais

- Melhora o humor

- Reduz a ansiedade

- Reduz depressão

- Melhora os relacionamentos

Benefícios Físicos

- Melhora o sistema imunológico
- Aumenta expectativa de vida
- Reduz pressão sanguínea
- Reduz dor

A maioria desses benefícios podem ser resumidos como simplesmente "meditação te deixa mais feliz". Em outras palavras, tendo mais emoções positivas e menos emoções negativas. Felicidade tem muitos benefícios mentais e físicos. A maioria dos benefícios listados acima são simplesmente efeitos de se estar feliz.

Todo mundo diz que a vida moderna é agitada e movimentada. Isso pode ser verdade, mas o que isso realmente significa? Milhares de anos atrás, caçar e nos reunir durante todo o dia apenas para conseguir comida suficiente para sobreviver não eram agitação e ocupação? Não é a vida de uma zebra ou um macaco agitada e ocupada?

No entanto, de alguma forma, as zebras não obtêm as úlceras do estresse, embora devam estar sempre atentas às coisas que querem matá-las e comê-las. Por que é assim? Tudo se resume ao tipo e duração do estresse. As zebras precisam apenas lidar com picos curtos de intenso estresse. No entanto, em uma cidade moderna, as pessoas enfrentam baixos níveis de estresse por longos períodos, às vezes o dia todo.

A vida moderna é muito diferente para cada um psicologicamente. Para entender isso, você deve entender uma importante teoria do cérebro: os cérebros humanos têm três partes principais. O mais básico, o cérebro reptiliano, é responsável por todas as tarefas das quais os répteis são capazes. O nível médio, o cérebro dos mamíferos, é responsável por todas as tarefas das quais os mamíferos são capazes. E o nível mais alto, o cérebro lógico, é responsável por habilidades exclusivamente humanas, como linguagem e planejamento.

Triune Brain Theory

Lizard Brain	Mammal Brain	Human Brain
Brain stem & cerebelum	Limbic System	Neocortex
Fight or flight	Emotions, memories, habits	Language, abstract thought, imagination, consciousness
Autopilot	Decisions	Reasons, rationalizes

A vida em uma cidade exige muito mais de nossos cérebros lógicos do que nossos ambientes passados, que eram muito mais emocionais e físicos. Por exemplo, usando computadores, telefones inteligentes, dinheiro e instituições governamentais. Essas são todas coisas lógicas, não podemos simplesmente usar nosso subconsciente para lidar com elas inteiramente, como se pode andar ou andar de bicicleta.

Usar essa parte lógica do seu cérebro requer energia. Por exemplo, um estudo fez os sujeitos tomarem uma série de decisões. Foram feitas perguntas como se eles queriam uma vela de lavanda ou vela de camomila, chá verde ou chá de limão, e assim por diante. E então eles mediram quanto tempo eles poderiam manter a mão na água gelada. Indivíduos que tiveram que tomar decisões foram capazes de manter suas mãos na água muito menos tempo do que o grupo de controle que não teve que tomar decisões. Portanto, usando o cérebro lógico esgota alguns recursos e reduz a sua força de vontade por um tempo. Fica cansado, como um músculo. Quando as pessoas usam a palavra "estresse" em situações informais, é a isso que elas estão se referindo. É o cansaço do seu cérebro lógico.

Semelhante a como o corpo pode enfraquecer, atrofiar e formar disfunções em um estilo de vida moderno típico, também pode a mente. Nossos corpos não foram projetados para se sentar dentro de casa a maior parte do dia. Da mesma forma, nossas mentes não foram projetadas para lidar com um ambiente urbano moderno. No entanto, existem coisas que podemos fazer para contrabalançar isso. Por exemplo, eles dizem que 2,5 horas por semana de exercício são suficientes para contrabalançar os efeitos negativos de um estilo de vida sedentário. Desta forma, você pode pensar em meditação como ir à academia para a sua mente.

A meditação é uma maneira de descansar ou pelo menos mudar a posição da sua mente. É importante descansar a mente assim como é para um músculo. Por exemplo, um estilo de vida pode frequentemente fazer com que você use suas pernas até a exaustão ou, eventualmente, até se machucar, mas raramente usar seus braços. Nesse estilo de vida, seria importante sentar-se regularmente para descansar as pernas e fazer algo que exercite os braços, para que não enfraqueçam. A vida moderna é semelhante na medida em que exige muito de nossos cérebros lógicos, mas muitas vezes nos deixa ociosos emocionalmente ou fisicamente. Um bom exemplo disso é uma sala de aula. Claro que você pode aprender algo que irá ajudá-lo, mas é importante não esquecer de se equilibrar.

Além disso, a meditação pode continuar a beneficiar você a longo prazo. Por exemplo, aprender a melhorar o seu corpo pode ajudá-lo não só na academia a longo prazo. Por exemplo, se você costuma subir as escadas em vez do elevador, sua saúde física pode ser melhorada significativamente pelo resto de sua vida. Da mesma forma, se você aprender a organizar bem seus pensamentos e sentimentos, sua mente será melhorada e protegida de eventos negativos, não apenas durante a prática de meditação em si, mas para o resto de sua vida. Ao mudar o "sistema operacional" de sua mente, a meditação pode ter benefícios duradouros.

Psicólogos sociais sabem que a competição social aumenta com o tamanho da comunidade. Pode ser competição por qualquer recurso, como comida, emprego, dinheiro ou cônjuges. Hoje temos comunidades grandes sem precedentes. Portanto, também temos uma concorrência social sem precedentes. Basta olhar para a vida em Nova York contra uma pequena cidade para ter uma noção disso. Em ambientes como esses, podemos ficar presos em um ciclo interminável de desejo por mais e estar à frente de outras pessoas, que também estão tentando estar à sua frente.

A definição abaixo resume bem.

A meditação pode ajudá-lo a reconhecer padrões inúteis como esses.

Uma prática regular de meditação é uma das poucas coisas que 80% dos melhores profissionais do mundo têm em comum. Pelo menos de acordo com o podcast chamado The Tim Ferriss Show. As pessoas, de Arnold Schwarzenegger a prodígios de xadrez de todos os CEOs do Vale do Silício, citam a meditação como uma grande ajuda. Pessoas assim estão sob extraordinária pressão mental, e a meditação ajuda a manter suas mentes saudáveis, resilientes e funcionando bem durante tempos difíceis e difíceis. Essas pessoas são a prova de que você pode ter uma mentalidade de aceitação independente e, ao mesmo tempo, produzir resultados extraordinários no mundo real.

A meditação nos ajuda a redefinir nossas prioridades, repousar a mente lógica e nos reconectar com as partes emocional e física de nós mesmos.

Tipos de Meditação

Há muitos tipode de meditação, mas eles geralmente se separam em duas categorias:

Meditação de Atenção Focada (também chamada de Concentração)

Você foca sua atenção em um único objeto durante toda a sessão de meditação. O obketo pode ser sua respiração, um mantra (uma palavra que você repete de novo e de novo), uma imagem mental, seu corpo etc.

Meditação de Atenção Plena (também chamada Mindfulness)

Sua atenção está monitorando toda sua experiência, sem julgá-la. Você simplesmente observa seus pensamentos, sentimentos e sentidos, ao invés de tentar se livrar deles ou deixá-los guiar sua mente.

Alguns dos estilos mais populares de meditação são:

Meditação Zen

Meditação está no cerne do budismo Zen. Consiste em sentar-se com ótima postura e focar na sua respiração.

Meditação Transcendental

Consiste em sentar-se com os olhos fechados por 15 a 20 minutos por dia repetindo a palavra chamada mantra. Exige que você pague muito dinheiro pelas aulas (cerca de 1000 dólares nos Estados Unidos)

MeditaçãoYoga

Em sua maior parte, a prática de Yoga pode ser considerada meditação, já que você está voltando seu foco para a sua respiração, corpo e estado da mente.

Meditação Vipassana(também chamada MeditaçãoMindfulness)

A palavra Vipassanasignifica insights, envolve foco na respiração, e depois foco e começar a ter consciência sobre o corpo e a mente.

MeditaçãoCaminhando

Parecida com outros tipos de meditação, exceto que você pratica enquanto caminha. Pode ser útil para aqueles que não gostam de sentar quietos por 20 minutos.

Meditação com Música

Ouça a mesma música todos os dias por alguns minutos, enquanto foca na música e na sua respiração. Pode ser qualquer música que você escolher. Esse é um dos jeitos mais fáceis de começar a meditar porque quase ninguém consegue negar fazer isso.

Você não precisa praticar todos os tipos de meditação porque todas utilizam os mesmos princípios. Você pode testar alguns tipos diferentes e escolher um que funcione melhor para você.

Se você quer instruções mais detalhadas do que o que cabe em um livros, recomendo um aplicativo chamado Headspace. É um dos melhores aplicativos de meditação guiada. Os primeiros 10 dias são de graça e é um ótimo jeito de começar o hábito de meditar regularmente porque os primeiros 10 dias são exercícios de apenas 10 minutos cada.

Como Meditar

Vou te mostrar a técnica de meditação Zen, já que provavelmente é o que você imagina quando pensa em meditação.

1. Qualquer uma das posições abaixo está boa.

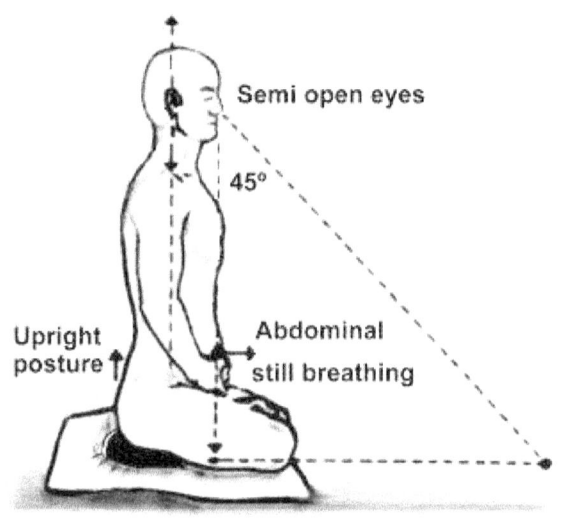

2. A ideia é estar muito relaxado e muito alerta ao mesmo tempo.

3. Isso vai te ajudar a focar sua atenção nose u corpo e nas sensações físicas.

4. Se seus olhos estiverem abertos, tente focar de forma leve e ralaxada, sem focar em nada particular.

5. Balance suavemente o corpo para frente e para trás até chegar a uma posição equilibrada e confortável.

6. Comece com algumas respirações profundas.

7. Por exemplo, os sons dos carros do lado de fora, a sensação das suas pernas na superfície em que você está sentado, a sensação das suas mãos no seu colo.

8. Observe o que é, mas não julgue.

9. Observe qualquer tensão, conforto, desconforto ou qualquer outra sensação em cada área do corpo.

10.

11. Comece contando cada respiração que você fizer até chegar em 10.

12. Não tente se livrar do pensamento, diga a si mesmo que é completamente normal que a mente vagueie.

13. Quando chegar a 10, comece a contar novamente de um.

14. Com o tempo, você aprenderá o que funciona melhor para você.

15. Este período em que nada é certo ou errado é uma mudança refrescante do modo normal de operação da mente, que está constantemente avaliando tudo.

16. Traga seu foco novamente para o espaço ao seu redor e seus sentidos físicos.

17. Quando estiver pronto, abra os olhos devagar.

18. É melhor não simplesmente pular imediatamente e voltar ao que você estava fazendo antes.

Felicite-se ao completar sua primeira sessão de meditação. Tente manter o senso de consciência que você adquiriu enquanto faz o resto de suas atividades diárias.

Como Integrar Meditação no Dia a Dia

Como ir para a academia, a meditação não vai ajudar muito se você fizer isso apenas uma vez. Por isso, é importante aprender como integrá-lo em sua vida diária.

Para facilitar o início, comece com apenas 10 minutos por dia durante os primeiros 10 dias. Todo mundo tem 10 minutos. Há um ditado meio brincando que diz: "Se você não tem 10 minutos para meditar, precisa de uma hora".

O mais importante é transformar sua prática de meditação em um hábito. Se você tiver que decidir cada vez que meditar, provavelmente acabará adiando dias ou semanas até esquecer o motivo por que queria meditar.

50% das nossas ações em um dia normal são hábito. Sair da cama, tomar banho, ir ao trabalho, etc, são todos hábitos. Nós não temos que pensar neles, isso é feito inconscientemente, você poderia literalmente fazê-lo durante o sonambulismo.

Em quais condições os hábitos são baseados?

- Que hora do dia é
- Com quem você está
- Onde você está
- Seu estado emocional
- O que você está fazendo
- O que você fez antes

É por isso que é fácil realizar hábitos quando você acorda de manhã. Como a maioria desses fatores são os mesmos. Portanto, você deve tentar integrar seu tempo de meditação em uma hora do dia em que a maioria desses fatores será a mesma, como quando você acorda, quando vai para a cama ou antes do jantar. Eu recomendo ler o Poder do Hábito, de Charles Duhigg, para uma excelente explicação dos hábitos.

Se você adquire o hábito de meditar ao mesmo tempo e coloca cada dia, você terá muito mais sucesso.

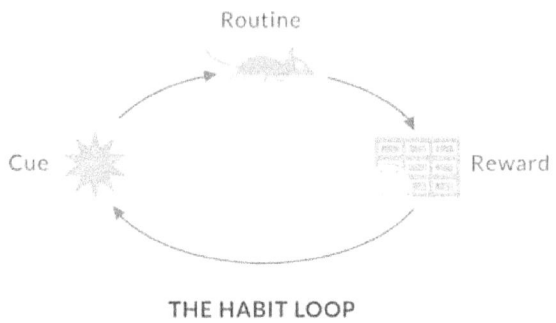

THE HABIT LOOP

Se você perder uma ou duas sessões, não se preocupe, fazer uma sessão por semana ainda é muito melhor do que fazer zero. Fazê-lo todos os dias é apenas uma recomendação, não um requisito. Você pode experimentar diferentes frequências, talvez você ache que uma boa sessão por semana é o suficiente para você. Ou talvez você prefira várias sessões mais curtas ao longo da semana.

Depois de meses ou anos de meditação, você pode descobrir que alcança um patamar onde não continua a obter benefícios de sua prática de meditação. Nesse ponto, é bom parar de meditar regularmente, a mudança no seu "sistema operacional" mental se tornará permanente e você simplesmente continuará a ver os benefícios da meditação sem realmente meditar. Isto é semelhante a alguém que melhora a sua aptidão e no processo adquire o hábito de tomar as escadas em vez do elevador. Eles não precisam mais ir ao ginásio porque a maneira como eles administram sua vida diária mantém o corpo em forma.

Como Evitar Erros Comuns

Abaixo estão alguns dos erros mais comuns que as pessoas cometem em relação à meditação e como evitar essas armadilhas.

As pessoas procrastinam e adiam meditar. A procrastinação se torna um hábito e, eventualmente, eles param de meditar completamente. O capítulo anterior explicou em detalhes como lidar com isso.

As pessoas simplesmente sentam e pensam durante toda a sessão de meditação. Eles poderiam estar pensando na lista para esse dia ou o que eles vão ter para o almoço. Tudo bem, tentar é melhor do que não fazer nada. Enquanto alguns pensamentos da mente são normais, é importante trazer gentilmente a atenção de volta ao foco da meditação, seja a respiração, o mantra, o corpo etc. Não seja muito duro com você mesmo, contanto que você se sente com os olhos fechados durante o período especificado. Considere a sessão de meditação como um sucesso. Caso contrário, você pode se envolver em um ciclo vicioso de frustração e tentar controlar seu estado mental. Você ainda deve tentar manter o foco durante a meditação, mas não se frustre se não tiver sucesso.

As pessoas acreditam que são espertas demais ou cientificistas para a meditação. Eles acreditam que é espiritual ou místico demais. Eles não querem adorar um guru. Isso é um equívoco porque a meditação pode ser vista como secular. Se você não é uma pessoa espiritual, os conceitos em meditação ainda podem beneficiar você. O importante é olhar para além de todas as palavras e conceitos abstratos e apenas praticar. Meditação é algo que é mais fácil de ser experimentado do que explicado em palavras.

As pessoas acham que isso fará com que elas percam sua vantagem. Eles acham que se a meditação nos ensina a aceitar tudo, então eu não vou apenas sentar no sofá o dia todo porque tudo está bem? Esta é uma percepção errônea comum. O que realmente nos ensina é liberar os aspectos negativos de tudo, como se condenar quando você falha em alguma coisa. Enquanto, ao mesmo tempo, mantém os aspectos positivos das coisas. Esta é claramente a mentalidade mais feliz e mais produtiva.

As pessoas acham que é muito difícil. Eles olham para todas as palavras confusas e acreditam que estão além de sua compreensão ou habilidades. Ou eles podem acreditar que muitas horas ou anos de investimento são necessários para ver os benefícios. Mas, na verdade, qualquer um pode fazer isso, basicamente é apenas sentar e respirar.

As pessoas acham muito chato. Aqueles com uma personalidade muito energética e extrovertida podem achar a ideia de sentar e não fazer nada por 20 minutos difícil. No entanto, a meditação provavelmente trará um equilíbrio relaxante ao seu estilo de vida acelerado e os ensinará que nem sempre precisam estar fazendo ou realizando alguma coisa.

As pessoas preferem estar fazendo outra coisa. O pensamento de tirar 20 minutos de um dia de trabalho pode soar como uma perda de tempo. Tempo é dinheiro que eles dizem. No entanto, um homem sábio me disse uma vez que "o tempo para relaxar é quando você não tem tempo para relaxar". Muitas pessoas ocupadas acham que, quando começam o dia com uma sessão de meditação, fazem mais coisas naquele dia e com menos estresse. Portanto, o retorno do seu investimento de tempo vale a pena.

As pessoas acham que não precisam disso. Claro que você pode sobreviver sem meditação, mas todos podem melhorar, então porque não tentar? Todos podem se beneficiar da meditação, mesmo aqueles que já têm um alto nível de bem-estar mental.

As pessoas esquecem de meditar quando o horário habitual é interrompido, por exemplo, quando elas viajam ou passam por um período estressante no trabalho ou na escola. Felizmente, a meditação pode ser feita em qualquer lugar, até mesmo em um quarto de hotel. Portanto, viajar não é o problema, é que o hábito não é acionado porque alguns dos fatores mencionados anteriormente foram alterados. Nestes casos, você deve definir um lembrete no seu calendário para meditar em determinados momentos. Muitas pessoas colocam a meditação na sua lista de prioridades e pulam uma sessão quando têm um dia ou uma semana ocupados. Mas, como mencionado antes, a meditação realmente melhorará seu desempenho e os níveis de estresse durante os horários de maior movimento. Portanto, você deve mantê-lo no topo da sua lista de prioridades e fazê-lo mesmo quando você não se sentir bem.

Pagando por meditação transcendental. As aulas de meditação transcendental podem ser muito caras e desnecessárias. Claro que é bom ter alguém para responder às suas perguntas quando você tem um problema com a meditação. E o fato de você ter pago significa que há apostas claras. Em outras palavras, se você não fizer nada, estará perdendo alguma coisa. Fazer um investimento é um dos fatores mais importantes quando se tenta aprender alguma coisa ou completar qualquer objetivo. No entanto, pagar por aulas de meditação é completamente desnecessário e você pode ver benefícios iguais ou maiores aprendendo sozinho ou com uma aula grátis.

Se você decidir aprender meditação transcendental, um obstáculo comum é que as pessoas comecem a dizer o mantra a tempo com os batimentos cardíacos e se distraiam. Neste caso, você deve se concentrar na mente e não se preocupar em se esforçar para consertar o chamado problema.

Conclusão

Espero que tenha gostado deste livro e o tenha achado informativo. O próximo passo é começar sua prática de meditação.

Espero que depois de treinar sua mente com meditação, você sentirá mais felicidade, confiança e compreensão. E quando você experimentar eventos negativos, você será mais capaz de lidar com eles. Em vez de tentar se livrar ou consertar sentimentos negativos, você saberá que pode simplesmente observá-los ou anotá-los. É claro que há momentos em que devemos agir para consertar as coisas, mas esperamos que com a maior consciência que você obteve da meditação, você será mais capaz de perceber a quais coisas você deve reagir e quais você deve simplesmente aceitar ou deixar ir.

Boa sorte na sua jornada de meditação!

www.ingramcontent.com/pod-product-compliance
Lightning Source LLC
Chambersburg PA
CBHW071907070526
44583CB00016B/1878